आखिर सम्मुख आया सच

काव्य संग्रह

अमर अद्वितीय 'बिसावर'

Made with ❤ on the Notion Press Platform
www.notionpress.com

समर्पण

****

उन्हें समर्पित हैं ये सारी कविताएँ

जिनके बोल बोल में कविता बनती थी.

o

भाव भंगिमा शब्दों का सिंगार किए

चलते चलते कोई कविता रचती थी.

o

प्रथम काव्य गुरु के समान थी जो मेरे

अक्षर अक्षर नित्य नयापन कसती थी.

o

माँ को शत शत नमन तूलिका करती है

जिनके शब्द शब्द में कविता बसती थी.

क्रम-सूची

क्रम-सूची

क्रम-सूची

क्रम-सूची

प्रस्तावना

शुभाशीष-प्रसून
०००००००००००००००

प्रस्तुत सजल-संग्रह "आखिर सम्मुख आया सच" कवि श्री अमर अद्वितीय 'बिसावर' का प्रथम सजल-संग्रह है। इसमें उनकी विविधरंगी संदेशप्रद ८० सजलें संकलित हैं। सजल के मानकों को संशोधित करके अंतिम रूप दिया गया उससे पूर्व की सजलों में कुछ शिपल्पगत शिथिलताएँ चली आ रही थीं। इस संग्रह में उसी कालखंड में रची गईं सजलें हैं, इसीलिए इनकी भाषा और शैली में उस समय के मानकों के अनसार यत्किंचित् न्यूनताएँ तो है, किंतु इनके कथ्य की संदेशप्रदता तथा इनकी व्यंजनात्मक उच्चता प्रशंसनीय है।

वस्तुतः 'सजल' विधा उर्दू की 'गजल' के समकक्ष हिंदी की विधा है अतः इसकी शैली-शिल्प गीत से अलग है, गजल के समकक्ष है। विशेषकर सजल की भाषा अभिधात्मक न होकर सांकेतिक होती है जिसमें लक्षणा, व्यंजना की प्रधानता होती है। सजल हिंदी कवियों के लिए गजल जैसी कविता हिंदी में लिखने का मार्ग प्रशस्त करती है। इसमें विविध स्वतंत्र कथ्यों वाली द्विपंक्तिक कड़ियाँ होती हैं जिनकी विशिष्ट सांकेतिक 'कहन' होती है।

गजल विधा मूपतः उर्दू की है इसलिए गजल लिखते समय कवि की मानसिकता यह बनी रहती है कि गजल की भाषा में उर्दू के शब्दों और उर्दू के व्याकरण का अधिकाधिक मुक्तहस्त प्रयोग किया जाए, तभी हमारी गजल श्रेष्ठ स्तर की मानी जाएगी। इसी मानसिकता के दबाब में जो हिंदी में गजलें लिखने की होड़ मची उसके कारण हिंदी भाषा विकृत होती चली गई। हिंदी में गजल लिखने वाले कवियों ने उर्दू के नुक्ता का मुक्तहस्त प्रयोग किया; उर्दू के 'आत' प्रत्यययुक्त बहुवचन शब्दों को भी अपनाया तथा सिर को 'सर', यों को 'यूँ', वह को तथा वे को 'वो', जिंदगी को जिंदगानी, मकान व निशान को 'मकां' व 'निशां' आदि-आदि उर्दू की भाषिक विकृतियों से हिंदी की पहचान को धूमिल कर दिया। गजल के कारण हिंदी पर उर्दू छाती चली गई। गजल जैसी कोई विधा हिंदी में होती तो यह नहीं होता। गजल के समकक्ष हिंदी में अपनी एक नई विधा की यही आवश्यकता 'सजल विधा' के आविष्कार की जननी बनी। इसी समस्या के निराकरण के लिए, विचारपूर्वक

गजल के ढाँचे को लेकर सजल का रूपबंध गढ़ा गया। उसके अंगोपांगों को हिंदी नाम दिए गए, जैसे *सजल* में--- पदिक, पल्लव, आदिक, समादिक, अंतिक, पदांत और समांत, ये सारे नाम *गजल* में क्रमशः -- शेर, मिसरा, मतला, मतला-सानी, मक्ता, रदीफ और काफिया कहलाते हैं।

इसके अतिरिक्त *सजल* की भाषा, शिल्प और व्याकरण के हिंदी मानक निर्धारित करके, उसको हिंदी काव्य की एक परिपूर्ण स्वतंत्र विधा का रूप दिया गया है। मानक के अनुसार सजल की भाषा में मात्रापतन प्रारंभ से ही वर्जित है। सजल की भाषा संप्रेषणीय सुगम परिनिष्ठित हिंदी है, जिसमें अपरिहार्य होने पर ही, बोलचाल में प्रयुक्त अन्य भाषाओं के सरल शब्द लिए जा सकते हैं किंतु उनका प्रयोग हिंदी व्याकरण के अनुरूप ही अनुमन्य है। संज्ञा, सर्वनाम, क्रिया, विशेषण, क्रिया-विशेषण तथा कारक और उपसर्ग --- सजल में ये सब हिंदी के ही अनुमन्य हैं। सजल में लय का आधार किसी भी हिंदी छंद की लय को माना गया है। सजल में वर्णिक छंद की लय लेने पर एक दीर्घ वर्ण के स्थान पर अपेक्षित होने पर दो लघु वर्ण लेने की भी छूट है।

हिंदी छंदशास्त्र के अनुसार सजल में यति-संयोजन की भी अनिवार्यता है।

इस प्रकार सजल विधा हिंदी की एक परिपूर्ण प्रयोजनपरक विधा है जो हिंदी की धूमिल होती पहचान को बचाने का प्रयोजन लेकर जन्मी है।

अंत में मुझे यह कहते हुए प्रसन्नता और संतोष का अनुभव हो रहा है कि प्रस्तुत सजल-संग्रह की सजलें भाव और कथ्य-वैविध्य तथा संदेशप्रदता की दृष्टि से उच्चस्तरीय हैं, सराहनीय हैं, अभिनंदनीय हैं। कविश्री अमर अद्वितीय 'बिसावर' को हमारा हार्दिक् शुभाशीष एवं भविष्य की अमित शुभकामनाएँ है।

जय हिंदी! जय सजल!!

स्नेहाधीन,

.

--- डॉ०अनिल गहलौत
सेवा निवृत ऐसोसिएट प्रोफेसर
के आर कालेज मथुरा (उ प्र)
मोबाइल न. 9412336036

०००००

प्रस्तावना

भूमिका

****

मुझे यह जानकर अत्यंत हर्ष हो रहा है की श्री अमर अद्वितीय 'बिसावर' जी की पुस्तक 'आखिर सम्मुख आया सच' का प्रकाशन हो रहा है जिसमें आपके द्वारा रचित अस्सी रचनाओं का संकलन है। प्रत्येक रचना के शीर्षक के रूप में, रचना की किसी श्रेष्ठ पंक्ति का चयन किया गया है । इन रचनाओं के सृजन में आपने उर्दू की महत्वपूर्ण विधा ग़ज़ल के शिल्प का प्रयोग किया है जिसके आधार पर आजकल सजल, गीतिका तथा मुक्तिकाएँ आदि सृजित की जा रही हैं ।

रचनाओं के सृजन में सरल शब्दावली का प्रयोग, इन्हें सहज गेय व सुंदर बना रहा है और कहीं भी इनके सृजन में कृत्रिमता का बोध नहीं होता ।

कवि का सहज धर्म है अपनी लेखनी से समूह के हित की बात कहना, जिसे आपने अति कुशलता से निभाया है । कुछ रचनाओं के अवलोकन का मुझे अवसर प्राप्त हुआ है जिसके आधार पर आपकी रचनाधर्मिता का सहज अनुमान लगाया जा सकता है ।

कवि के मन पर सामाजिक घटनाओं का अति सूक्ष्म प्रभाव पड़ा करता है जिसके परिणाम स्वरूप कवि के मन सागर में भावों का ज्वार-भाटा उठा करता है और कवि की लेखनी उन भावों को पृष्ठों पर बिखेरने को आतुर हो जाती है ।

अपने इस संकलन में कवि माता शारदा के वंदन में कहता है :-

शारदे माँ दीजिये यह एक वर ।

आ हृदय में कीजिये निज आप घर ।।

(आनंदवर्धक छंद)

कवि का मन झूठ को स्वीकारने में असमर्थ है । सत्य की महत्ता का बखान करते हुए एक युग्म देखें:-

सबने खूब छिपाया सच।

आखिर सम्मुख आया सच।।

(मानव छंद-14 मात्रा)

इसी प्रकार कवि मन भ्रूण हत्या पर अपने मन के उद्गार व्यक्त करते हुए आक्रोश व्यक्त करता है:-

कह दिया है भ्रूण हत्या पाप अब कैसा ?

क्या कसौटी न्याय की प्रस्तावना क्या है ?

(रजनी छंद- 23 मात्रा)

कवि मन समाज की विसंगतियों को देख कर मौन कैसे रह सकता है । एक उदाहरण द्रष्टव्य है :-

कहते हैं गैया को मैया, दूध न दे तो पीट रहे हैं ।

होते अलग दाँत हाथी के, खाने और दिखाने वाले ।।

(छंद राधेश्यामी-32 मात्रा)

इसी प्रकार :-

दौड़ रहे हैं क्यों मालिक जब नौकर दौड़ रहे हैं

समाज की अंधी दौड़ पर तंज कसती हुई रचना है ।

(सार छंद-28 मात्रा)

कवि मन सामाजिक मूल्यों के ह्रास को देखकर दुखी है और सहज ही उसकी लेखनी कह उठी है :-

तीन गाँठ हल्दी की पाकर, पंसारी बंदर ।

जिधर देखिये छलक रही है, अब अधजल गगरी ।।

(विष्णुपद छंद- 26 मात्रा)

उक्त रचना के भाव सुंदर हैं किन्तु इनकी अभिव्यक्ति में समान्त का अनुपालन नहीं हो पाया है । इसी प्रकार 'प्यार है जिंदगी, प्यार है बंदगी' शीर्षक रचना है जिसमें समान्त केवल ई है । यह भी सम्भव है कि कवि ने इन्हें ग़ज़ल रूप में लिखा हो जिसमें केवल स्वर को काफिया मानने का प्रचलन है । अतः मेरा विनम्र सुझाव भी है कि वे इन रचनाओं का वर्गीकरण भी करें कि ये ग़ज़ल, सजल, गीतिका या मुक्तिका ...किस रूप में सृजित हैं ?

निश्चय ही, श्री बिसावर जी को भारतीय सनातनी छंदों का यथेष्ट ज्ञान है और उनकी छंद साधना श्लाघनीय है ।

संक्षेप में , इतना ही कहा जा सकता है कि कवि का यह प्रथम प्रयास है जिसके लिये श्री अमर अद्वितीय 'बिसावर' जी बधाई के पात्र है ।

मुझे पूर्ण विश्वास है कि साहित्य जगत में उनकी इस कृति का खुले हृदय से स्वागत किया जायेगा और यह कृति अपना विशिष्ट स्थान बनाने में समर्थ सिद्ध होगी । मेरी, कृति और कृतिकार के लिये अनन्त शुभकामनाएँ !

*

-महेश जैन 'ज्योति',
6- बैंक कालोनी, महोली रोड़,
मथुरा -281001
मो.9058160705

***

आमुख

प्रिय पाठको,

यह पुस्तक एक काव्य संग्रह है, जिसमें मानव जीवन की अनेक संवेदनाओं और भावनाओं की छायाएँ छिपी हैं। कवि ने अपने आसपास घटित सामाजिक और राजनीतिक वातावरण में जब जो देखा और आभास किया उसे संग्रह कर शब्दों में पिरोया है और उसे यथानुसार आप सब तक पहुँचाने का एक प्रयास किया है। कई पंक्तियां ऐसी हैं जिनमें जीवन की अनगिनत अवधारणाएँ व उनकी रूपरेखाएँ चित्रित हैं, जो हमारी अंतरात्मा की गहराईयों में बसी हुई होती हैं।

यह काव्य संग्रह जो कि एक सजल संग्रह है, बहुत विलंब के उपरांत प्रकाशित हुआ है जिसके लिए मैं सभी पाठकों से क्षमा प्रार्थी हूँ। इसका मुख्य कारण यह रहा कि मैं आमतौर पर बोलचाल वाली हिन्दुस्तानी भाषा में लिखता हूँ और मेरी कविताओं की शैली पूर्णतः मौलिक है जो कि गजल, गीतिका, सजल, मुक्तिका, पूर्णिका आदि सब से मेल खाती है। मैंने जब जब किसी परिचित वरिष्ठ साहित्यकार से मेरी पुस्तक सामग्री के बारे में दो शब्द, प्रस्तावना, प्राक्कथन आदि लिखने के लिए संपर्क किया तो उन्होंने इन रचनाओं को अपने ही चश्मे से देखा और इन्हें उनकी विधा का नाम देने की मंशा जताई। ऐसा कई बार हुआ। इसका यह परिणाम हुआ कि जिस पुस्तक की सामग्री कोरोना काल से बहुत पहले ही तैयार थी वह वर्ष २०२४ में मूर्तरूप ले सकी है। मुझे यह कहने में परहेज नहीं है कि इन वर्षों में अपनी पुस्तक के प्रकाशन को लेकर मैं निराशा के निकट से गुजरा हूँ। फिर एक दिन आर्कमिडीज के यूरेका जैसी घटना हुई।

मैं गजल सम्राट दुष्यन्त कुमार का गजल संग्रह "साये में धूप" पढ़ रहा था जिसके प्रस्तावना में उन्होंने कहा है कि कोई काव्य रचना, गजल हो, कविता हो या कोई अन्य, किसी के परिचय की मोहताज नहीं होती, वह अपना परिचय स्वयं ही देती है। लखनऊ के कवि मित्र स्वप्निल श्रीवास्तव ने वर्ष २०१८ में एक ओनलाइन गोष्ठी में मेरे पक्ष में यह बात कही थी। महान उपन्यासकार उपेंद्रनाथ अश्क जी, अज्ञेयजी आदि अनेक साहित्यकारों ने शुरुआत में इसका सामना किया है। अनेक कवि और साहित्यकार जिनका कोई गॉडफादर नहीं होता है, जिन्हें आगे बढ़ाने में स्थापित साहित्यकार मदद नहीं करते हैं, वे अपनी बात स्वयं ही आगे बढ़ानी होगी। मुझे इन सब बातों से ऊर्जा मिली और पहला कदम स्वयं उठाने का साहस जुटाया

है कि यदि मेरा लेखन पाठकों के हृदय में अपनी जगह बना पाए तो कारवाँ बन ही जायेगा।

इस संग्रह में विभिन्न विषयों पर लिखी गई कविताएँ हैं। यहाँ आपको प्रेम, विरह, जीवन की अनगिनत राहें, और आत्मा की खोज मिलेगी। ये कविताएँ अपने अंदर छिपे भावों को जागृत करेंगी और आपको अपने जीवन की अनगिनत रूपरेखाओं को समझने में मदद करेंगी।

इस संग्रह को पढ़कर आपकी भावनाओं की गहराइयों में खो जाने की आवश्यकता है। यह कविताएँ आपके मन की गहराइयों में छू जाएंगी और आपको अपने जीवन के रंगीन पलों को देखने की क्षमता प्रदान करेंगी।

आप सभी का साभार धन्यवाद।

अमर अद्वितीय 'बिसावर'
कवि/साहित्यकार
२५६, आनंदवन फेस-२
मथुरा (उ प्र)

वसंत पंचमी, संवत २०८०
१४ फरवरी २०२४

सच के प्रति आस्था और प्रतिबद्धता की दमदार अभिव्यक्ति "आखिर सम्मुख आया सच"

सच के प्रति आस्था और प्रतिबद्धता की दमदार अभिव्यक्ति "आखिर सम्मुख आया सच"

ब्रज रसमय काव्य की सवाई भूमि है। रसिया ब्रज के लोक प्रचलित प्रिय छंद का नाम है। सवैया छंद ब्रज भूमि के काव्य के सवाया होने की ही घोषणा है। गीता के दर्शन का सूत्रधार इसी धरती में पैदा हुआ था। ब्रजभूमि की सच से गहरी निकटता स्वयं सिद्ध है।

पूर्व सैनिक व वर्तमान में बैंक अधिकारी श्री अमर अद्वितीय "बिसावर" ब्रज की इसी भूमि के उदीयमान कवि हैं जो अपनी पहली काव्य कृति "आखिर सम्मुख आया सच" के साथ कवियों की लंबी व समृद्ध परम्परा में अवतरित हुए हैं।

सच के आग्रही कवि के इस संकलन में 80 सजल संग्रहीत हैं। सजल हिन्दी काव्य की एक नई विधा है जो उर्दू की सजल के समांतर लिखी जा रही है। इस विधा का अपना व्याकरण निर्धारित है।

कवि अमर अद्वितीय की स्पष्ट घोषणा है,

अमर झूठ से दूर रहे।
मन को केवल भाया सच।।

**** **** ****

कहने दो यदि कोई झूठा तुम्हें कहे।
तुम तो अपने मन को सच्चा रहने दो।।
यह भी ऐसे माहौल में जब कि,
धर्म आयातित हुआ है।
दुष्ट बहुचर्चित हुआ है।।
झूठ की है वाहवाही।
सत्य फिर लज्जित हुआ है।।
क्योंकि कवि को इस सार्वभौमिक सच का अहसास है कि,
बात निकली जीभ से तो दूर तक ही जाएगी।
बोलने के बाद खाली हाथ अपने क्यों मलें।।
कवि अमर अद्वितीय झूठ के लाभ से भी परिचित हैं, वे कहते हैं -
झूठ बोलना आ जाता।

कुर्सी बहुत बड़ी पाता।।
रोज घुमाकर चमचे को।
देगचियों में, इतराता।।
भाव नहीं देता जो भी।
चने दांत से चबबाता।।

बावजूद इसके उनकी राय है कि बोलने में संयम की आवश्यकता है, वे जिह्वा पर ताला लगाने की बात करते हैं। देखें -

मित्र शत्रु है यह जिव्हा।
मुख का चाबी ताला बन।।

सच और झूठ के आयामों की परख आवश्यक है। कवि ने अपने आसपास देखा, अनुभव किया और जो लिखा है उसे देखें -

क्या बुरा है और अच्छा, सोचने की बात है।
कौन झूठा और सच्चा, सोने की बात है।।
सोचने की बात है, अब सत्य रहता है डरा।
झूठ का है खूब जलवा, सोचने की बात है।।

**** **** ****

ईंट और गारा ढोते जीवन बीते मजदूरों का।
सबकी छतें बनाने वाले खुद बेघर रह जाते हैं।।
बढ़ा बोलबाला दुनिया में झूठ बोलने वालों का।
सत्य बोलने वाले उनसे खुद बचकर रह जाते हैं।।

कवि की नजर समाज के अन्य व्यावहारिक सैध्दांतिक पहलुओं पर भी गई है। वे अभिव्यंजनात्मक भाषा में कहने लगते हैं कि मैं भी यदि इसी धारा में बहना स्वीकार कर लेता तो क्या क्या करता। द्रष्टव्य है -

रिश्वत कई तरह की है।
केवल अधिकारिक लाता।।
मान दक्षिणा रिश्वत को।
झोली हर दिन फैलाता।।
वर्षों खून उन्हीं का चूस।
भंडारे कर जिमबाता।।
रामकृष्ण से भी ज्यादा।
खुद जयकारे लगवाता।।

**** **** ****

कहते हैं गैया को मैया दूध न दे तो पीट रहे हैं।

होते अलग दांत हाथी के खाने और दिखाने वाले।।

कभी फैल जाते हैं गज भर कभी सिमट जाते इंचों में।

बड़ा मिले तो पूंछ दबाते लघु को आंख दिखाने वाले।।

सरकारी नीतियों की विसंगति पर उनकी टिप्पणी है, देखें -

अनेक गौशालाएं खोलीं।

पशुधन छुट्टा घूमता है।।

सरकार चलाने वाले जन-प्रतिनिधियों से वे पूछने लगते हैं कि,

काम नहीं करते हैं आप दुअन्नी का।

केवल गाल बजाते हो, क्या नेता हो ।।

दो भूखों के बीच फेंकते हड्डी तुम।

फिर बैठे मुस्काते हो, क्या नेता हो।।

हंसते-मिलते हुए पड़ोसी कब भाते।

आपस में लड़वाते हो, क्या नेता हो।।

ऐसी राजनीति की ही परिणति है कि जिसकी लाठी उसकी भैंस वाली कहावत बन गई। कवि ने इस स्थिति से लड़ने की बात की है लेकिन पूरी तैयारी के साथ। देखें -

जिसकी लाठी भैंस उसी की।

खाली हाथ लड़ोगे कब तक।।

फल की इच्छा नहीं त्यागना।

दानी कर्ण बनोगे कब तक।।

वहीं वे बुलडोजर न्याय पर टिप्पणी करते हैं,

भय के बिना प्रीति कब होती।

चलवा दो बुलडोजर बाबा।।

गुंडे भले न किसी जाति के।

कर दें जीवन दूभर बाबा।।

सामाजिक पारिवारिक सत्य एवं भारतीय सांस्कृतिक मूल्यों को कवि ने कैसे व्यक्त किया है देखें-

तुझ पर वस्त्र और छत है।

उस पे तो रोटी भर है।।

घर-घर चूल्हे माटी के।

तेरा-सा मेरा घर है।।

देव तुल्य है मांत-पिता।

यों तो मंदिर पत्थर है।।

**** **** ****

नाहक है अभियान तुम्हारा।

मिट्टी में मिल जाना सारा।।

जमा अठन्नी खर्च रुपैया।

घर वालों को खटक रहा है।।

देखा गया है कि भारतीय राजनेता सत्ता की अपनी दाल हमेशा गला लेते हैं। कवि अमर अद्वितीय का मानना है कि अब युवकों को रोजगार दिए बिना उनकी दाल नहीं गलेगी, उद्धृत है -

ऐसे नहीं गलेगी दाल।

मुफ्त न जनता को दो माल।।

रोजगार युवकों की मांग।

प्यारे! कोई युक्ति निकाल।।

अनेक सामाजिक, राजनीतिक, सांस्कृतिक प्रसंगों, वास्तविकताओं, विसंगतियों एवं परिस्थितियों को कवि अमर अद्वितीय ने अपनी लेखनी द्वारा उभारा है व शब्दाकृतियां दी हैं।

कवि अमर अद्वितीय की वैयक्तिक दृढ़ता का परिचय हमें उनकी इन पंक्तियों में मिलता है।

जो परखूंगा वही लिखूंगा।

भले पुस्तकों में न छपूंगा।।

पढ़ना जिसे वही पढ़ लेगा।

अधिक दिखावा नहीं करूंगा।।

इस संग्रह में साधारण बोलचाल की बोधगम्य भाषा का प्रयोग किया गया है। टीप टाप, टिप टॉप ओखली में सिर, सच की अलख, बंदगी, अव्वल, कंकरीट, बेस्ट फ्रेंड, फ्रेशनर, गुजरिया, गागरिया, लहंगा फरिया जैसे शब्दों का प्रयोग प्रसंगानुसार हुआ है। बहुधा प्रयुक्त नाक-नक्श की जगह कवि ने नयन नक्श शब्द-युग्म को लिया है। काव्य शैली सरल सपाट है। लय प्रवाह में कहीं कोई कमी नहीं दिखती। विचारों की अभिव्यक्ति में अभिधा व व्यंजना की यथायोग्य उपस्थिति है।

कवि अमर अद्वितीय "बिसावर" की पहली ही सजल काव्य-कृति अपनी नवीनता में अद्वितीय है। इस कृति को पढ़ा जाना चाहिए। काव्य की दुनिया में कवि का अभिनन्दन के साथ स्वागत है। उनकी दूसरी और तीसरी कृति भी तैयार है। मेरी ओर से उनको हार्दिक बधाई!

डॉ जे पी बघेल, मुंबई

1. शारदे माँ दीजिए वर

शारदे माँ दीजिए यह एक वर !
आ हृदय में कीजिए निज आप घर !!

O

O

लूट करने में जुटा है आदमी !
कुछ जथा का, कुछ व्यथा का नाम धर !!

O

O

भूख, पीड़ा, दुर्दशा का अर्थ क्या !
दान देते लोग मस्तक देख कर !!

O

O

मृत्यु होती रात को जीते सुबह !
लोग कुछ जीते रहे है नाम भर !!

O

O

है शिकायत एक मुझसे भी उन्हें !
ओढ़ कर चलता रहा मैं एक डर !!

O

O

झूठ बोला, जीभ मेरी जल गई !
सत्य को लादे फिरा मैं पीठ पर !!

O

2. आप खुद ही सोचिए

कौन कब क्या पाएगा यह आप खुद ही सोचिए!
साथ क्या घर जाएगा यह आप खुद ही सोचिए!
०
०

हो रही है झूठ द्वारा सत्यव्रत की धरपकड़!
क्या निकल कर आएगा यह आप खुद ही सोचिए!
०
०

नींव थी मजबूत फिर कैसे इमारत ढह गई!
कौन सच बतलायेगा यह आप खुद ही सोचिए!
०
०

मैं धरम के आसरे पर पग बढ़ाता ही गया!
कौन कब टकराएगा यह आप खुद ही सोचिए!
०
०

कौन समझा है समय की चाल को जग में 'अमर'!
रंग कल क्या लाएगा यह आप खुद ही सोचिए!
०

❧❧❧

3. हाथ अपने क्यों मले

क्यों मनुज यों नित्य अपने आप को इतना छले!
चाल निश्चित है समय की, टालने से कब टले!!

०

०

बात निकले जीभ से तो दूर तक ही जाएगी!
बोलने के बाद खाली हाथ अपने क्यों मले!!

०

०

एक खुश है, दूसरे का मन दुखी दिन में रहा!
लौटते पंछी घरों को नित्य सब संध्या ढले!!

०

०

दर्द कुछ पीढ़ी नई समझे नहीं माँ-बाप के!
पीर निज संतान की माता-पिता के मन पले!!

०

०

दाल-रोटी चैन से जिसको मिले वह स्वस्थ है!
रोग चिंता का चिता की भाँति तन तिल-तिल जले!!

०

❧❧❧

4. बात कहाँ होती है

'लेखन है सामाजिक दर्पण' की अब बात कहाँ होती है!
'मन ही है सच्चा आभूषण' की अब बात कहाँ होती है!

०

०

दबी कृतज्ञता अहसानों से, तोड़ रही दम भलमनसाहत।
जीवन में तप और समर्पण की अब बात कहाँ होती है!

०

०

योजक-चिन्ह विराम अल्पविराम सभी पहचान खो रहे।
भाषा के सटीक उच्चारण की अब बात कहाँ होती है!

०

०

अंधी दौड़ दिखावे की, बस तन की चमक-दमक ही देखे।
हृदय और आत्माकर्षण की अब बात कहाँ होती है!

०

०

सिर्फ करो कर्तव्य छोड़ दो अपने हक सरकार भरोसे।
खेत, पराली और प्रदूषण की अब बात कहाँ होती है!

०

5. भूखे-पेट निवाला

जपने वाली माला बन।
समय पड़े तो भाला बन।।
O
O
भूख एक-सी है सब की।
भूखे -पेट निवाला बन।।
O
O
बिना कर्ज की रूख उचित।
नहीं मुफ्त की हाला बन।।
O
O
मित्र-शत्रु है यह जीव्हा।
मुख का चाबी-ताला बन।।
O
O
नीर नदी का बन जाना।
'अमर' न गंदा नाला बन।।
O

❧❧❧

6. मत मन भारी रख

कम झूठों से यारी रख।
तन मन मत बीमारी रख।।
O

दुख बीते सुख आता है।
खुशी भीतरी तारी रख।।
O

बुरे समय में कौन मिले।
अपनी ही तैयारी रख।।
O

सबसे बड़ा युद्ध जीवन।
शस्त्र निपुणता जारी रख।।
O

ओलावृष्टि फसल उजड़े।
जीवन-कारगुजारी रख।।
O

ईश्वर सदा साथ ही है।
नहीं हृदय लाचारी रख।।
O

कभी हँसा भी कर प्यारे।
मत इतना मन भारी रख।।
O

❧❧❧

7. प्यार तुम्हारा अदभुत है

नयन-नक्श आकार तुम्हारा अदभुत है।
उस पर यह श्रृंगार तुम्हारा अदभुत है।
O

होने को तो अदभुत है दुनिया सबकी।
सपनों का संसार तुम्हारा अदभुत है।
O

अधरों की मुस्कान करे गुस्सा ठंडा।
'उफ!' कह देना यार तुम्हारा अदभुत है।
O

अजनबियों से पहचाने-से मिलते हो।
मिलना पहली बार तुम्हारा अदभुत है।
O

किसे पता है हँसे थे कि तुम खिसियाये।
सच्चा-झूठा प्यार तुम्हारा अदभुत है।
O

नकद दाम से खरीददारी सभी करें।
लेना माल उधार तुम्हारा अदभुत है।
O

एक अदा ही दीवाना कर देती है।
बात-बात का सार तुम्हारा अदभुत है।
O

8. विडम्बना है दुनियादारी

काम करो कितना भी भारी।
बहुत जरूरी कारगुजारी।।
○
○
मिसरी जैसी मीठी बोली।
चापलूस ने की तैयारी।।
○
○
भूखा बच्चा रहे खेलता।
दूध नहीं देती महतारी।।
○
○
झूठों ने गुलदस्ते पाए।
चली सत्य के हक पर आरी।।
○
○
काम किया है जान लगा कर।
नहीं मिली मजदूरी सारी।।
○
○
जन्मा सेठ मुनीम बन गया।
विडम्बना है दुनियादारी।।
○
○
रक्त सबल दुर्बल का चूसे।
धन की ऐसी क्या लाचारी।।

खूब बटोरे झूठ तालियाँ।
नहीं सत्य की आई बारी।।
O
O

माता-पिता सुधार न पाए।
बनते बेढंगे नर, नारी।।
O
O

भेद धनी-निर्धन का कम हो।
सब जग की मानवता हारी।।
O
O

युद्ध ठना है पेट-पीठ में।
रहा, रहे हर युग में जारी।।
O

❧ ❧ ❧

9. अपने हिस्से का ही खा

समय टला है किसके टाले !
ऐसा भरम न कोई पाले !!

O

अति विश्वास नहीं है हितकर !
अक्सर आफत में ही डाले !!

O

फेंक दिए पतवार दंभ से !
मझधारों से कौन निकाले !!

O

साहूकार बने फिरते थे !
उन्हें पड़े खाने के लाले !!

O

संशय हुआ अहम के चलते !
लगे हुए आँखों में जाले !!

O

अधिक उछलने वाले मेढक !
डाल पतीले गए उबाले !!

O

क्यों झपटे गैरों की थाली !
अपने हिस्से का ही खाले !!

O

❧❧❧

10. सुना सत्य है जो दोहराऊँ

यहाँ की, वहाँ की, कहाँ की बताऊँ !
सुनो जो कहानी वही मैं सुनाऊँ !!

O

मरुस्थल दिखा दूँ भरा जल लबालब !
जलाशय भरा रेत से ही दिखाऊँ !!

O

कभी दर्द से दिल घिरे इस तरह से !
बड़े जोर से जान अपनी छुड़ाऊँ !!

O

लिखी भाग्य में बात हो के रहेगी !
सुना सत्य है जो वही दोहराऊँ !!

O

मुझे एक आकाशगंगा मिली है !
कहो तो सितारे धरा पर बिछाऊँ !!

O

'अमर' प्रेम करता सभी से बराबर !
नहीं अक्ल किसको कहाँ मैं जताऊँ !!

O

11. सम्मुख आया सच

सब ने खूब दिखाया सच !
आखिर सम्मुख आया सच !!
०

टालमटोल करी हद तक !
कुछ भी नहीं बताया सच !!
०

पकड़ नहीं कोई पाया !
पकड़ झूठ को लाया सच !!
०

झूठ मुखौटे पहना था !
दर्पण उसे दिखाया सच !!
०

झूठ सत्य को देख डरे !
चलती-फिरती माया सच !!
०

साँस तोड़ने झूठ लगा !
जाकर उसे बचाया सच !!
०

'अमर' झूठ से दूर रहे !
मन को केवल भाया सच !!
०

12. अपना बन धोखा दें

अच्छा है कम बोला कर !
थोडा मीठा घोला कर !!
O
O

बने परिस्थिति सुनने की !
धीरे से मुख खोला कर !!
O
O

निंदा सुनने से बचना !
मत कानों को झोला कर !!
O
O

झूठ सत्य की तरह दिखे !
भाव बात का मोला कर !!
O
O

अपने बन धोखा दें सब !
थोडा हृदय टटोला कर !!
O

13. किनारा टूटता है

जब कहीं सितारा टूटता है !
दिल बहुत हमारा टूटता है !!
O
O

खलल कोई डाले अगर प्यार में !
नजरों से नजारा टूटता है !!
O
O

आपा खोती हैं लहरें तो !
नदी का किनारा टूटता है !!
O
O

जब व्यक्ति जुड़ता किसी और से !
दूसरा बेचारा टूटता है !!
O

एक के टूटने से दूसरे के!
जीवन का सहारा टूटता है !!
O

❦❦❦

14. लड़ोगे कब तक

टालमटोल करोगे कब तक !
बैठे हाथ मलोगे कब तक !!

O

कैसे जीना आप समझिए !
दोष किसी का दोगे कब तक !!

O

शीघ्र सीख लो दुनियादारी !
सच को सत्य कहोगे कब तक !!

O

जिसकी लाठी भैंस उसी की !
खाली हाथ लड़ोगे कब तक !!

O

फल की इच्छा नहीं त्यागना !
दानी कर्ण बनोगे कब तक !!

O

कब तक मरते हुए जिओगे !
जीते हुए मरोगे कब तक !!

O

हमने तेरी बात मान ली !
मेरी हृदय धरोगे कब तक !!

O

जीवन एक साधना ही है !
इसको जुआ कहोगे कब तक !!
छोड़ 'बिसावर' कपट छलावा !
गठरी बोझ सहोगे कब तक !!

15. धर्म की अवधारणाएं

प्रेमियों की कामनाएँ हैं बहुत !
नित्य बनतीं योजनाएं हैं बहुत !!
O

भावना के अश्व ठिठके मार्ग में !
जीत की संभावनाएँ हैं बहुत !!
O

जिन्दगी भर मन चयन करता रहे !
धर्म की अवधारणाएं हैं बहुत !!
O

लोग खुद को कह रहे हैं आदमी !
नित्य होती भर्त्सनाएं हैं बहुत !!
O

पीठ की मजबूरियाँ कुछ कम नहीं !
पेट की कुछ यातनाएँ हैं बहुत !!
O

कब करें श्रृंगार रस की बात हम !
जिन्दगी की वेदनाएँ हैं बहुत !!
O

स्वाद की बातें 'बिसावर' व्यर्थ हैं !
भूख की प्रताड़ाएं हैं बहुत !!
O

16. कोई न कोई जात निकली

कहाँ तक बात आई है, कहाँ से बात निकली थी !
हवाओं को नहीं मालूम कैसे रात निकली थी !!
०
०

कभी टपके यहाँ से तो कभी टपके वहाँ छप्पर !
हमारी भीगते-बचते हुए बरसात निकली थी !!
०
०

तुम्हें अनुमान भी है दर्द कैसा भूख में उठता !
मचलकर, फाड़कर चादर किसी दिन लात निकली थी !!
०
०

बड़ा रंगीन, खुशबूदार डिब्बा गिफ्ट का आया !
खुला तो चंद पैसों की वहाँ सौगात निकली थी !!
०
०

नहीं मैं जाति, मजहब, धर्म जैसी बात करता हूँ !
सदा हर व्यक्ति की कोई न कोई जाति निकली थी !!
०

17. पति घर से नहीं हिला

तनिक बॉस के सम्मुख सिर नौकर से नहीं हिला !
सात बजे तक कर्मवीर दफ्तर से नहीं हिला !!
O

बढ़ता तन का भार फाइलों के ही अनुपातिक !
सीसीटीवी से उपजा उस डर से नहीं हिला !!
O

रहे बजाते कॉल बैल को नीचे साथी-जन !
घिरा निराशा से मानव ऊपर से नहीं हिला !!
O

दान-दक्षिणा, मदद और सहयोग हुआ बंधित !
पैनकार्ड के कारण धन भीतर से नहीं हिला !!
O

बहुत बिलबिलाया कवि कविसम्मेलन जाने को !
डर के मारे पत्नी के पति घर से नहीं हिला !!
O

निकल पड़े हैं लोग पकड़ने गाड़ी दिल्ली की !
सुस्त 'बिसावर' आठ बजे बिस्तर से नहीं हिला !!
O

18. दिखें एक ही लोग-लुगाई

दुल्हन ढके बिना सिर आई, है कि नहीं !
लोग कहें, दो मुँह दिखलाई, है कि नहीं !!
O
O

अंकल और आनटी बने पुरूष महिला।
भेद न कुछ अब चाची-ताई, है कि नहीं !!
O
O

करो लाख की वस्तु डिजिटली ऑर्डर तुम।
एक टका मत देना साई, है कि नहीं !!
O
O

बाल बढ़े लड़कों के, कटे लड़कियों के !
दिखें एक ही लोग-लुगाई, है कि नहीं !!
O
O

कोलेस्ट्रॉल तथा मधुमेह भरा तन में !
कहें 'बिसावर' खिला मिठाई, है कि नहीं !!
O

❧❧❧

19. आप बीड़ा उठा लो

शत्रुता को घटा लो नए साल में !
मित्रता को बढ़ा लो नए साल में !!
O
O
वैर से वृद्धि होती सदा वैर की !
प्रीति मन में जगा लो नए साल में !!
O
O
नित्य उपकार करना किसी जीव पर !
आप बीड़ा उठा लो नए साल में !!
O
O
पाप करते सभी हैं किसी रूप से !
पुण्य भी कुछ कमा लो नए साल में !!
O
O
सच लिखेगी 'बिसावर' सदा लेखनी !
कुछ नया फिर रचा लो नए साल में !!
O

20. अलग मार्ग अपनाया

सबके मन को गायक भाया !
गीत अनोखा उसने गाया !!

O

गजल, सजल, दोहा या मुक्तक !
गीत स्वयम अपना रस लाया !!

O

कई मिले अवसर बढ़ने के !
जो न जचा तुरन्त ठुकराया !!

O

वह लकीर का फकीर न बना !
सबसे अलग मार्ग अपनाया !!

O

मदद समय पर करता सबकी !
नहीं दलाली कोई खाया !!

O

कविता में लय-लोच जरूरी !
जिसको मिली वही पढ़ पाया !!

O

ली है कलम दवात 'बिसावर' !
जग में सच का अलख जगाया !!

O

21. दर्द कौन सी पोर कहाँ है

दृष्टि राजधानी गाँवों की ओर कहाँ है !
किया खजाना खाली ढूँढो चोर कहाँ है !!
O
O

रूखी-सूखी खाकर पेट भरा पुरखों ने !
कहा किसी से दर्द कौन सी पोर कहाँ है !!
O
O

गाड़ी की पों-पों है जनरेटर की भों-भों !
चिड़िया कलरव करती हों वह भोर कहाँ है !!
O
O

छलकी कप से चाय पिता से, है हंगामा !
गिरा पत्नि से हार हुआ कुछ शोर कहाँ है !!
O
O

सात जन्म की बात 'बिसावर' नहीं तार्किक !
कच्चे धागों की पुख्ता अब डोर कहाँ है !!
O

22. मेरी दीवानी सी लगती है

सूरत उसकी पहचानी सी लगती है !
कभी-कभी वह अनजानी सी लगती है !!
O
O

सभी जानते मैं उसका दीवाना हूँ !
वह भी मेरी दीवानी सी लगती है !!
O
O

रंग युवावस्था के लाल, हरे, नीले !
अनुभव की चादर धानी सी लगती है !!
O
O

कान कतरती है वह अच्छे-अच्छों के !
छोटी बच्ची भी नानी सी लगती है !!
O
O

झूठ 'बिसावर' है कीचड़ या दलदल सा !
सत्य बात निर्मल पानी सी लगती है !!
O

❧❧❧

23. हृदय में भावना क्या है

मत किसी से पूछिए मन साधना क्या है!
धर्म होता है निजी तो पूछना क्या है!!
O
O

है बहुत सिद्धांत सम्मत वस्तु जीवन की!
धर्म से ऊँची हृदय में भावना क्या है!!
O
O

कह दिया है भ्रूण हत्या पाप अब कैसा!
क्या कसौटी न्याय की प्रस्तावना क्या है!!
O
O

पाप करने में बने साथी वही पापी!
हो गलत आदेश उसकी पालना क्या है!!
O
O

राम सीता से जुड़ी है हर कथा अपनी!
उन बिना उद्धार की संभावना क्या है !!
O

❧❧❧

24. बड़ा मिले तो पूँछ दबाते

देखे कई लोग दुनिया में, कोरी बात बनाने वाले।
सूरज को पिघलाने वाले, चाँद धरा पर लाने वाले।।

O

कहते हैं वे गिन सकते हैं, उड़ती चिड़िया के पंखों को।
और किसी के हाथों में हो, चिड़िया फुर्र उड़ाने वाले।।

O

बचपन से ही गया सुनाया, प्रेम बाँटिये, प्रेम मिलेगा।
ठोकर खाई तब जाना थे झूठे कथा सुनाने वाले।।

O

कहते हैं गैया को मैया, दूध न दे तो पीट रहे हैं।
होते अलग दाँत हाथी के, खाने और दिखाने वाले।।

O

कभी फैल जाते हैं गज भर, कभी सिमट जाते इंचों में।
बड़ा मिले तो पूँछ दबाते, लघु को आँख दिखाने वाले।।

O

हाथ पकड़कर नहीं बिठाए जाते लोग किसी संगत में।
जुड़ जाते हैं जुड़ने वाले, उड़ जाते हैं जाने वाले।।

O

बात हवा-सी बही 'बिसावर', व्यक्ति खड़ा है एक जगह पर।
चलकर होम कराने जाते, अपने हाथ जलाने वाले।।

O

25. दौड़ रहे हैं क्यों मालिक

दोपाये चौपाये वनचर थलचर दौड़ रहे हैं।
मस्त चाल कछुए की शावक अक्सर दौड़ रहे हैं।।

O

जाने कहाँ पहुँचना किसको खुद ही पता नहीं है।
जिसको जो मिलता है रख कर सिर पर दौड़ रहे हैं।।

O

उछल कूद करते हैं कितनी चूहे, बिल्ली, बंदर।
हाथी घोड़े ऊँट बकरियाँ कूकर दौड़ रहे हैं।।

O

सूत काटती रहे गिलहरी लक्ष्यहीन जीवन भर।
चींटी चींटे दीमक मक्खी मच्छर दौड़ रहे हैं।।

O

बैल बना कोल्हू का दीनू, सेठ रेस का घोड़ा।
दौड़ रहे हैं क्यों मालिक जब नौकर दौड़ रहे हैं।।

O

शायद नहीं दौड़ता कोई केवल भूख मिटाने।
सब लेकर डर एक काल्पनिक भीतर दौड़ रहे हैं।।

O

देख हुआ आश्चर्य 'बिसावर', एक शांतमन मानुष।
उसे देखकर कितने पागल हँस कर दौड़ रहे हैं।।

O

❧❧❧

26. लक्ष्य जो आते निकल गया

क्या खोया क्या पाया खोज कराते निकल गया!
बहुत समय तो केवल बात बनाते निकल गया!!
O

टोका और बहुत समझाया बड़े-बुजुर्गों ने!
किंतु मजनुआ हर दिन कान खुजाते निकल गया!!
O

उसे इल्म था, बाप जानता है उसकी करतूतें!
घर से और गली से नजर चुराते निकल गया!!
O

उम्र दिखावे और छलावे में ही बीत गई!
मन खुद को ही झूठे स्वप्न दिखाते निकल गया!!
O

लापरवाही और दंभ अपनी कमजोरी थीं!
बार बार नजदीक लक्ष्य जो आते निकल गया!!
O

बस कागज के टुकड़े ही तो हैं ये गीत गजल!
समय 'बिसावर' पढ़ते-लिखते-गाते निकल गया!!
O

27. सवाल का हल क्या होगा

कौन कहे इस पल क्या होगा, किसे पता उस पल क्या होगा!
नहीं आज को बिसरा देना, सोच न जाने कल क्या होगा!!
O
O
सूत-सूत सुलझाया जाता, उलझा हुआ ऊन का गोला!
जब सवाल ही समझ न आये, उस सवाल का हल क्या होगा!!
O
O
भली दाल-रोटी हैं जिनको खाकर नींद चैन की आये!
जिस गद्दे में पड़े बिनौले, सुखदायी मलमल क्या होगा!!
O
O
मानव जीवन समान दुष्कर जग में कोई डगर नहीं है!
नहीं कहीं वीराना ऐसा, यथा सघन जंगल क्या होगा!!
O
O
भले 'बिसावर' पता न चलता, निंदा मूल सभी पापों की!
राजनीति के जितना गँदला, और भला दलदल क्या होगा!!
O

❦❦❦

28. माटी से गद्दारी क्यों करूँ

बिना बात के मारामारी क्यों करूँ।
बने किसी की जो लाचारी क्यों करूँ।।
O

थोड़े बहुत कष्ट तो सबको मिलते हैं।
इसके चलते मन को भारी क्यों करूँ।।
O

क्यों खराब हो अपनों की दुनियादारी।
उजाड़ अपनी दुनियादारी क्यों करूँ।।
O

तुम्हें पता है, मुझे पता है, काफी है।
बुरी खबर की जग में ख्वारी क्यों करूँ।।
O

जितना लिया जगत से लौटाया उतना।
झूठमूठ की साहूकारी क्यों करूँ।।
O

देशभक्त दें शीश कटा रज की खातिर।
मैं इस माटी से गद्दारी क्यों करूँ।।
O

❧❦❧

29. प्रेम दोनों तरफ ही

तुम चले दो कदम, हम चले दो कदम।
कम हुए बीच के, फासले दो कदम।।
O
O

दो कदम कम नहीं, प्रेम के पंथ में।
हो गए आप ही, फिर भले दो कदम।।
O
O

प्रेम दोनों तरफ ही उमड़ने लगे।
मनचलों ने चले, मनचले दो कदम।।
O
O

आग लगती जहाँ, हो धुँआ भी वहीं।
नित विरह अग्नि में, मन जले दो कदम।।
O
O

दीप मैं ले चलूँ, आप घी डाल दो।
ज्योत्स्ना सी चमक, घर पले दो कदम।।
O

30. आपदा तो आपदा है

मन तनिक सा बावला है।
सिर्फ अच्छा सोचता है।।

O

आप रहते हो महल में।
घर हमारा घोंसला है।।

O

शाम को वह हँस रहा था।
रात में चुप रो रहा है।।

O

कष्ट सबको ही हुआ था।
आपदा तो आपदा है।।

O

मोतियों की माल बिखरी।
टूट कर धागा पड़ा है।।

O

चाँद की बातें न करिए।
कौन उसको पा सका है।।

O

सूर्य से जीवन 'बिसावर'।
साथ में हर दिन चला है।।

O

31. बस उत्सव के दिन

प्रतिदिन असमंजस, डर है।
भीतर है या बाहर है।।
O

भुला स्वयं की कुंडलिनी।
भटक रहा मन दर-दर है।।
O

हँसता बस उत्सव के दिन।
मानव जीता मर-मर है।।
O

तुझ पे वस्त्र और छत हैं।
उस पे तो रोटी भर है।।
O

घर-घर चूल्हे माटी के।
तेरा-सा मेरा घर है।।
O

देवतुल्य हैं मात-पिता।
यों तो मंदिर पत्थर है।।
O

खोज रहे सब राम लखन।
बैठा रावण भीतर है।।
O

कहो 'बिसावर' मत रसिया।
कृष्ण एक योगेश्वर है।।
O

32. तू न बुराई गा

बापू के संग माई गा।
बहन कभी मन भाई गा।।
O
O
कोमल सोच विचार रहे।
बचपन की तरुणाई गा।।
O
O
यौवन की अपनी धुन है।
यौवन की अँगड़ाई गा।।
O
O
झूम सावनी मौजों पर।
वसंत की फगुनाई गा।।
O
O
बचो 'बिसावर' चुगली से।
मुख से न तू बुराई गा।।
O

33. जानता बस माली है

जेब भरी है या खाली है।
होती सबकी दीवाली है।।
O

फुस्स पटाखे फेंका धनिया।
भीखू के मुख खुशहाली है।।
O

नशा दिखावे का सिर छाया।
भाँग दृष्टि में ही डाली है।।
O

जड़ें कट गईं कुछ पेड़ों की।
दर्द जानता बस माली है।।
O

जाने क्यों बिगड़ी संतानें।
माता अति भोली-भाली है।।
O

अमीर गए खरीदी करने।
गरीब करता रखवाली है।।
O

अनार हम इस बार न लेंगे।
बात पिता ने कह टाली है।।
O

लोगों को मत जता 'बिसावर'।
दीपावली श्वेत , काली है।।
O

34. जो शेष है, धन है

सभी का मान करते हैं तथा सम्मान करते हैं।
समूचे विश्व में बंधुत्व का अभियान करते हैं।।
O
O
हमारी सोच ऐसी है न हो भूखा कहीं कोई।
चुगा कर चींटियां इस बात का संज्ञान करते हैं।।
O
O
सिखा हमको गये पुरखे, बहुत कम खर्च कर जीना।
खुशी से घर चलाते हैं, तथा कुछ दान करते हैं।।
O
O
कमाने खर्चने के बाद में जो शेष है, धन है।
लगा माथे रुपैया को, इसी का भान करते हैं।।
O
O
तिरंगा ध्वज नहीं है सिर्फ टुकड़ा एक कपड़े का।
निछावर प्राण हैं अपने, इसी पर आन करते हैं।।
O

❀❀❀

35. क्या नेता हो

कितनी बात बनाते हो, क्या नेता हो!
सच के निकट न आते हो, क्या नेता हो!!
O

काम नहीं करते हैं आप दुअन्नी का।
केवल गाल बजाते हो, क्या नेता हो!!
O

दो भूखों के बीच फेंकते हड्डी तुम।
फिर बैठे मुस्काते हो, क्या नेता हो!!
O

हँसते-मिलते हुए पड़ौसी कब भाते।
आपस में लड़वाते हो, क्या नेता हो!!
O

नहीं बखशते किसी दंपती को भी तुम।
कोई पेंच फँसाते हो, क्या नेता हो!!
O

नहीं जानते हैं देना, लेना जानें।
जनता गोल घुमाते हो, क्या नेता हो!!
O

✦✦✦✦

36. खुल जाता पिटारा

नाहक है अभिमान तुम्हारा।
मिट्टी में मिल जाना सारा।।
O
साक्षी है हर एक कर्म का।
धरा, गगन, रवि, चंद्र, सितारा।।
O
हो सकता है वही उतारे।
आज चढ़ाता है जो पारा।।
O
रख ले खूब छिपा के प्यारे।
खुल जाता हर एक पिटारा।।
O
अभी जागना है या सोना।
करे निर्धारित भाग्य हमारा।।
O
चाट जीभ से पी जायेगा।
नीर आज लगता है खारा।।
O
'दया करो मुझ पर हे ईश्वर!'।
अंतिम यही सभी का नारा।।
O

37. प्यार प्रायोजित है

हृदय तुम्हारा संश्लेषित है।
किसी और से अभिप्रेरित है।।
O

इतने चतुर नहीं लगते हो।
क्या चतुराई आयातित है।।
O

कटे हुए हैं पड़ौसियों से।
भीड़भाड़ सब आयोजित है।।
O

कब छिपता है असर नशे का।
तन मदहोशी आच्छादित है।।
O

टीप-टाप टिपटॉप बना दे।
बनठन के मुख आलौकित है।।
O

स्वाभाविक था प्रेम हमारा।
प्यार तुम्हारा प्रायोजित है।।
O

रहे भले ही बड़े शहर में।
सरल 'बिसावर' मर्यादित है।।
O

❧❧❧

38. सूर्य न दिख पाता है

पढ़ने विद्यालय जाता है।
जीना जीवन सिखलाता है।।
०
०
माता पिता कहा कब सुनता।
प्रथम प्रेमिका से नाता है।।
०
०
पाँव छुए तो उन्नति पायी।
मारे लात हानि लाता है।।
०
०
जाग रहा है अर्धरात्रि तक।
उगता सूर्य न दिख पाता है।।
०
०
की गलती या किया जान कर।
बदला लौट-लौट आता है।।
०

39. न डर था न ही लाज

मिले दो दिवाने बताने लगे।
जवानी के किस्से सुनाने लगे।।
O
O

अधर लाल रच के चलीं युवतियाँ।
कई लोग सपने सजाने लगे।।
O
O

इशारा नजर ने नजर को किया।
अचानक अधर लसलसाने लगे।।
O
O

हवा पा गई जब धधकती अगन।
बड़ा शोर दो दिल मचाने लगे।।
O
O

न डर था न ही लाज बाकी रही।
अधर से अधर जब मिलाने लगे।।
O

40. अटक रहा है

मन उलझन का घटक रहा है।
वीराने में भटक रहा है।
O

चार कदम आगे, दो पीछे।
जीवन पथ पर अटक रहा है।
O

टकराता है दीवालों से।
शीश धरा पर पटक रहा है।
O

कहाँ छूटतीं बुरी संगतें।
हाथ निरंतर झटक रहा है।
O

कल की फिक्र नहीं है कोई।
आज मस्त है, मटक रहा है।
O

बेस्ट फ्रेंड से धोखा खाया।
मुख बंदे का लटक रहा है।
O

जमा अठन्नी खर्च रुपैया।
घर वालों को खटक रहा है।
O

❧❧❧

41. सौ को कहे सवा सौ

कितना ओवर बोलता है।
आपे बाहर बोलता है।।
O

पूरब पश्चिम उत्तर दक्षिण।
नीचे ऊपर बोलता है।।
O

कभी कभी तो देखते हैं।
बंदा दिन भर बोलता है।।
O

पहले बादल बोलते हैं।
तब ही निर्झर बोलता है।।
O

जितना उछाल मारे नदिया।
उतना सागर बोलता है।।
O

बोलती है भूख पेट से।
अहंकार सर बोलता है।।
O

अपने सौ को कहे सवा सौ।
मेरा सत्तर बोलता है।।
O

42. आ गया पैसा कमाना

सच कहूँ तो आज कोई भी न डरता पाप से।
रास्ता उसका बनाता व्यक्ति अपने आप से।।

o

o

यार कह के काम चलता तो पिताजी क्यों कहूँ!
बात कल की और थी जब पुत्र डरता बाप से।।

o

o

डॉक्टर इंजीनियर या वह बने क्यों मास्टर!
आ गया पैसा कमाना ही उसे चुपचाप से।।

o

o

काम कोई अब कमीशन के बिना होता नहीं।
जेब कपड़ों में सिलाओ एक उसके नाप से।।

o

o

साथ देने कौन सच का अब 'बिसावर' आएगा।
रात दिन थकता नहीं वह झूठ के आलाप से।।

o

43. बुलडोजर बाबा

जीना भी क्या डर डर बाबा।
जायेंगे क्या लेकर बाबा।।
O

वह कोई मासूम नहीं है।
फिंकवाता है पत्थर बाबा।।
O

भय के बिना प्रीति कब होती।
चलवा दो बुलडोजर बाबा।।
O

बात हमेशा याद रखें ये।
गरीब करें न बेघर बाबा।।
O

गुंडे भले न किसी जाति के।
कर दें जीना दूभर बाबा।।
O

बच्चे नहीं सभी नाबालिग।
बना प्रौढ़ उनका सर बाबा।।
O

खाते पीते इस जमीन से।
गीत गा रहे उस घर बाबा।।
O

बहुत पूछते प्रश्न पड़ौसी।
ठोस उन्हें दो उत्तर बाबा।।
O

44. पहनावा पहचान

जीवन से अभिभूत हुआ है।
हृदय पुनः मजबूत हुआ है।।
O

मन से मिलता है मन से मन।
माध्यम कच्चा सूत हुआ है।।
O

उचित कर्म है वर्तमान में।
भूतकाल ज्यों भूत हुआ है।।
O

'जहाँ कुमति तहँ बिपति निदाना'।
हर दिन जूतम-जूत हुआ है।।
O

पहनावा पहचान कराता।
जामा कब अवधूत हुआ है।।
O

भरत लखन सम सुघड़ सहोदर।
बजरंगी-सा दूत हुआ है।।
O

अहोभाग्य दशरथ-कौशल्या।
आज्ञाकारी पूत हुआ है।।
O

45. फूल-सा रक्खा सजाकर

छीन कर सागर थमाया मौसमी निर्झर मुझे।
वे बनाना चाहते हैं नींव का पत्थर मुझे।।

O

है टंगी उनके अधर पर एक झूठी सी हँसी।
कष्ट की सौगात देते लोग अब हँस कर मुझे।।

O

फूल-सा रक्खा सजा कर पत्थरों को उम्र भर।
दिल बहुत घायल हुआ जब जब लगी ठोकर मुझे।।

O

धुल गया मे'कप तो फिर पहचानना मुश्किल हुआ।
आये' दिन मिलते हैं कितने लोग बन ठन कर मुझे।।

O

'आज दो जाने मुझे फिर शीघ्र मिलने आउंगी'।
लौट कर आई न वो जबसे गई कहकर मुझे।।

O

यत्न मैं करता रहूँ सबको हँसाने का सदा।
है अदा उनकी कि वे कहते रहे जोकर मुझे।।

O

दुख नहीं होता 'बिसावर' यदि अजनबी लूटता।
प्यार से लूटा गया मेरा सगा होकर मुझे।।

O

46. गीत लिखे तो गजलें छूट गईं

वह मुझको कुछ बात बताने आया था।
जीवन का मतलब समझाने आया था।।
O

हाथ लगा है पारस पत्थर एक उसे।
वह मेरी किस्मत चमकाने आया था।।
O

खींच लिया भोजन उसने भंडारे में।
पान मुफ्त में ही लगवाने आया था।।
O

इधर-उधर से अर्थहीन संवाद हुआ।
बहका कर अपनी मनवाने आया था।।
O

एक हाथ में अलादीन का चिराग है।
जिन्न दिखाकर मुझे डराने आया था।।
O

गीत लिखे तो गजलें कहनी छूट गईं।
एक अंतरा मुझे सुनाने आया था।।
O

लोग 'बिसावर' काव्य चुराते अपने बन।
मित्र शिकायत दर्ज कराने आया था।।
O

47. रखा जीभ पर ताला

काम न कल पर टाला कर।
अब का आज निकाला कर।।
O

कष्टों से विचलित मत हो।
मन को स्वयम संभाला कर।।
O

बुरे समय में रख धीरज।
जप ले मन की माला कर।।
O

चक्कर बुरा फेसबुक का।
मत अपना मुँह काला कर।।
O

बोल वही जो सुन सकता।
रखा जीभ पर ताला कर।।
O

रखें काम से काम उचित।
व्यर्थ न तोता पाला कर।।
O

गंगा पवित्र रहने दो।
डाल न गंदा नाला कर।।
O

48. संस्कारों को निगली

चलते उलटी चाल चकाचक !
करते लोग धमाल चकाचक !!
O
राजपाट की हालत खस्ता !
नेताओं का हाल चकाचक !!
O
लड़-भिड़कर जो थाने पहुँचे !
खींचेंगे सब माल चकाचक !!
O
बेशक सिर गंजा दिखता हो !
नोचेंगे कुछ बाल चकाचक !!
O
संस्कारों को निगली फैशन !
घर के बाहर गाल चकाचक !!
O
कल रोटी चटनी से खुश था !
आज छौंक संग दाल चकाचक !!
O
बूढी घोड़ी लाल लगामें !
चिकनी बातें खाल चकाचक !!
O
कटी नाक लेकिन दम भरता !
मूछें नत्थूलाल चकाचक !!
समझो अच्छे नहीं इरादे !
ज्यादा दमके भाल चकाचक !!

49. कहीं किसी से भूल हुई

मिले गरीबों के घर बौने !
पायी जगह एक की नौ ने !!
O

टूटे फूटे चार भगौने !
बने पोस्टर दरी बिछौने !!
O

तुले तराजू सोने से कल !
आज हो गए मुश्किल गौने !!
O

धौला बाल नजर क्यों आता !
छिले मुखौटे, सिर के मौने !!
O

गाय भैंस ही चरा रहे हैं !
दही छाछ भी पड़े बिलौने !!
O

कहीं किसी से भूल हुई है !
नहीं चाटते सब ही दौने !!
O

तनिक जुगाड़ू से बन जाते !
छपते जाते औने - पौने !!
O

❧❧❧

50. किसने देखा है भविष्य

सत्य वचन कह जाता तो है !
दुहरों से टकराता तो है !!

O

डांट-डपट करता गलती पर !
वह मन को बहलाता तो है !!

O

नहीं दिखा सकता है उँगली !
दर्पण-सा दिखलाता तो है !!

O

किसने देखा है भविष्य को !
देख जगत डर जाता तो है !!

O

कट्टरता न रखे हर कोई !
होली ईद मनाता तो है !!

O

लाज शर्म हो गई नदारद !
बेटा ऑंख दिखाता तो है !!

O

गाय न होतीं सभी लड़कियाँ !
सच इतिहास बताता तो है !!

O

51. सब काम आता है

दर्द में मृदु गीत मुख लाया नहीं जाता।
अंतरा मधुमास का गाया नहीं जाता।।
O
O

है निपुण हर आदमी अब बरगलाने में।।
झूठ से तो सत्य झुठलाया नहीं जाता।।
O
O

पास आकर भी गले मिलते नहीं साथी।
बादलों से नीर बरसाया नहीं जाता।।
O
O

ज्ञान अर्जित जो करें सब काम आता है।
एक अक्षर भी कभी जाया नहीं जाता।।
O
O

हो सके तो चल 'बिसावर' चाल दुनिया की।
गलतियों को रोज दुहराया नहीं जाता।।
O

52. झूठ जीवन-सूत्र अब

राग जीवन का समझ आया नहीं।
वृक्ष को मिलती निजी छाया नहीं।।
O
O

काम करता रात दिन जी-जान से।
पेट भर मजदूर कुछ खाया नहीं।।
O
O

पाँच वर्षों बाद नेताजी मिले।
वोट को कोई 'न' कह पाया नहीं।।
O
O

बन गया है झूठ जीवन-सूत्र अब।
सत्य का तो होठ पर साया नहीं।।
O
O

मोह-माया रोग है मधुमेह-सा।
है नहीं जीवन जहाँ माया नहीं।।
O

53. सहो अब चोट मूसल की

करो हर दिन भलाई तो कहीं अच्छा कहे दुनिया।
जरा सा दाग लगते ही बड़ा धब्बा कहे दुनिया।।
O
O

फुलाकर गाल बस अपने घरौंदे में रहो बैठे।
रखें जिन्दादिली जो बस उन्हें जिंदा कहे दुनिया।।
O
O

पता गलती मुझे अपनी मगर वश ही नहीं चलता।
करूँ कोशिश हँसी आती नहीं मुर्दा कहे दुनिया।।
O
O

दिया यदिओखली में सर सहो अब चोट मूसल की।
उठाओगे सभी नखरे चले रिश्ता कहे दुनिया।।
O
O

कहा उल्लू गधा कोई उसी पर मूड भारी है।
अरे मालूम है तुमको, हमें क्या-क्या कहे दुनिया।।
O

❧❧❧

54. ताप तो घटता नहीं है

बजा बाजा किया आलाप आये !
बढ़ाकर पुण्य या फिर पाप आये !!
O

गये मर्जी से या खींचे गये थे !
चढ़ाकर या कि चढ़कर आप आये !!
O

पुलिस दौड़ी चली आई है पीछे !
न जाने ! किसको-किसको नाप आये !!
O

तुम्हारा ताप तो घटता नहीं है !
बढ़ा फिर क्यों किसी का ताप आये !!
O

सुबह से भूखे ही बैठे हैं बच्चे !
मिला भोजन कि ले संताप आये !!
O

भला क्यों देहरी ताकें ये कहते !
किसी के पति, किसी के बाप आये !!
O

दुआ करते कभी तो देश खातिर !
नदी के घाट पर कर जाप आये !!
O

55. सत्य फिर लज्जित हुआ

धर्म आयातित हुआ है।
दुष्ट बहुचर्चित हुआ है।।
O

झूठ की है वाहवाही।
सत्य फिर लज्जित हुआ है।।
O

देख हालत राजधानी।
गाँव आतंकित हुआ है।।
O

मोगरे के फूल सूखे।
कैकटस पुलकित हुआ है।।
O

रोकड़ा देता पुलिस को।
डॉन खुद रक्षित हुआ है।।
O

आम जनता कोसती है।
बादशा' हर्षित हुआ है।।
O

सीख कर दस्तूर जग का।
व्यक्ति आनंदित हुआ है।।
O

56. बिना आग के नहीं बुझी

काम करो कितना भी, सोना शीघ्र शीघ्र ही जाग।
तभी संतुलित रहे बुद्धि, मन, तन, जीवन का राग।।

O

O

चिंगारी से अग्नि प्रज्वलित भस्म करे जंगल को।
पानी में भी आग लगाएं सावन भादों फाग।।

O

O

लौह लौह को सदा काटता है ऐसा संयोग।
बिना आग के नहीं बुझी है कभी उदर की आग।।

O

O

चूहे दौड़ रहे पेटों में बच्चे हैं मजबूर।
भूख मिटाने को गरीब करता है भागमभाग।।

O

O

अजब गजब है अग्नि प्रेम की दोनों तरफ बराबर।
नागिन के विष के द्वारा ही शांत जहर हो नाग।।

O

॰॰॰

57. गिरा वही जो उठाने चला

धरम की वो गंगा बहाने चला है !
कई पेट भूखे जिमाने चला है !!
O
O
घरौंदा बना ही नहीं एक उसका !
शहर के शहर जो बसाने चला है !!
O
O
नहीं हाल उसका वही पूछता अब !
चुनावों में जिसको जिताने चला है !!
O
O
समय कौन अच्छा बुरा ये न देखे !
गिरा है वही जो उठाने चला है !!
O
O
हटी है 'बिसावर' जहाँ सावधानी !
असर काल अपना दिखाने चला है !!
O

58. सुख दो दिन दुख आठ

लिखा भाग्य में लाया है !
मौज वही कर पाया है !!
सभी चाहते खुश रहना !
कौन कौन हरषाया है !!

O

कहाँ किसी की सगी हुई !
चलती फिरती माया है !!
कह तन निजी घमंड करे !
ले सच जान पराया है !!

O

मित्र मंडली भली-बुरी !
सोच समझ पर साया है !!
दान करे या भंडारा !
ठगविद्या छल-छाया है !!

O

करे कपट छल हँस-हँस के !
मूरख पाप बढ़ाया है !!
संयम मन जिव्हा पर रख !
ज्ञानी पुण्य कमाया है !!

O

सुख दो दिन दुख बीस गुना !
पिछला कर्ज चुकाया है !!
भूल न जाना गठरी को !
सबने आप उठाया है !!

59. दीवले का टिमटिमाना

चुपके चुपके गीत गाना याद है !
आज तक मंजर सुहाना याद है !!
O

ले बहाना घर से बाहर घूमना !
राह में मिलना मिलाना याद है !!
O

धूप में बैठे रहे घंटों तलक !
क्या तुम्हें पहला ठिकाना याद है !!
O

हो गई बारिश अचानक एक दिन !
कंपकपाते पास आना याद है !!
O

रोशनी कम थी अँधेरा था अधिक !
दीवले का टिमटिमाना याद है !!
O

फेर लेना शर्म से अपनी नजर !
दाँतों में उँगली दबाना याद है !!
O

तय हुआ था सात फेरों के समय !
जिंदगी भर है निभाना याद है !!
O

है बहुत कुछ याद मुझको प्रियतमा !
क्या तुम्हें कुछ भी पुराना याद है !!
O

60. मिलता है उपहार सदा

आवश्यक है साथ भोज के, मीठा शीतल जल हो।
जल प्रपात का, नदी, नहर का, स्रोत कूप या नल हो।।
O
O
कल-पुर्जा के नियत नियम हैं, तथा कारखानों के।
संविधान नैसर्गिक रहता, लागू नभ जल थल हो।।
O
O
सूत काटती हैं गिलहरियां, जाल काटते चूहे।
लक्ष्य सुनिश्चित किये बिना तो, तय मानो निष्फल हो।।
O
O
घाट-घाट पर वंदन -दर्शन, नहीं कारगर होते।
ईश्वर उसी हृदय रमते हैं, जिसका मन निर्मल हो।।
O
O
मिलता है उपहार सदा ही आँचल के अनुकूलित।
जो होता अच्छा ही होता, भले आज या कल हो।।
O

61. बोलबाला झूठ का

पत्ते पहले से ही पीले पतझर के रह जाते हैं।
घर में आग लगाने वाले किस घर के रह जाते हैं।।
O

बदली नहीं, न ही बदले आचारसंहिता जीवन की।
नीर नदी देती, छाया देते तरुवर रह जाते हैं।।
O

हो नाराज न तो साहब, निचला तपका भी रहे सुखी।
होकर ऐसे लोग सिर्फ ही दफ्तर के रह जाते हैं।।
O

ईंट और गारा ढोते जीवन बीते मजदूरों का।
सबकी छतें बनाने वाले खुद बेघर रह जाते हैं।।
O

प्रेम रहा दुनियादारी का शत्रु बड़ा सबसे अब्ब्वल।
प्रेमी गुलाम बनकर ढाई अक्षर के रह जाते हैं।।
O

एक अँजुरी भर पानी है काफी प्यास बुझाने को।
कई लोग लेकिन प्यासे पाकर सागर रह जाते हैं।।
O

बढ़ा बोलबाला दुनिया में झूठ बोलने वालों का।
सत्य बोलने वाले उनसे खुद बचकर रह जाते हैं।।
O

'किया आपने है जो कुछ भी, केवल अपने मतलब से'
पिता ठगे से कभी 'बिसावर' ये सुनकर रह जाते हैं।।
O

62. पंसारी बंदर

उलझ गई है, नहीं सुलझती, एक पहेली सी।
गलती, पहले उसने की है या फिर मैंने की।

O

पत्तों पर पानी गिरना जीवन का लक्षण है।
पानी पर पत्ते गिरने की बात अलग होती।।

O

प्यास बुझाता है पानी ही, भूख सिर्फ भोजन।
नहीं भाग्य में हो रोटी वह रहता भूखा ही।।

O

तीन गाँठ हल्दी की पाकर पंसारी बंदर।
जिधर देखिए छलक रही है, अब अधजल गगरी।।

O

आम दही के साथ मिले तो विषमय हो जाता है।
इसीलिए मत कभी मिलाना, शहद बराबर घी।।

O

बुरा समय अच्छे-अच्छों के जीवन में आता।
जीवन का परिधान फटे तो सूत सुई ले सी।।

O

सुख दो दिन का, मिले बाद में वर्षों तक दुखड़ा।
जितना भी संभव हो प्यारे, गम को उतना पी।।

O

63. प्यार है बंदगी

छोड़ दे ये नशा जिंदगी के लिए !
चाहता है जिसे तू उसी के लिए !!
O

बालपन खा गया आ जवानी गई !
कुछ बुढ़ापा बचा ले खुदी के लिए !!
O

प्यार है जिंदगी, प्यार है बंदगी !
प्यार कर ले किसी की खुशी के लिए !!
O

गाल पर बाल पर माल खर्चा किया !
चाल जग की समझ दो घड़ी के लिए !!
O

बिक न जाएं तराजू दुकानें सभी !
क्यों बढ़ाता कदम खुदकुशी के लिए !!
O

यार हैं चार बस चार दो साल को !
कुछ करेगा न कोई किसी के लिए !!
O

है 'बिसावर' पहेली सजा दर्द है !
जिंदगी शर्त है आदमी के लिए !!
O

64. यारी बुरी फेसबुक वाली

बात बतायें तो हंगामा !
और छिपायें तो हंगामा !!
O
O

ढोल दूर के लगें सुहाने !
निकट बजायें तो हंगामा !!
O
O

यारी बुरी फेसबुक वाली !
मिलें-मिलायें तो हंगामा !!
O
O

जचे शौक पत्थरबाजी का !
घर तुड़वायें तो हंगामा !
O
O

काम करें तो भला 'बिसावर' !
बैठे खाएं तो हंगामा !!
O

❧❧❧

65. सुंदर तो साली है भाई

पत्नी जी की महिमा बड़ी निराली है भाई।
दिखे बेफिकर किंतु करे रखवाली है भाई।।

O

सास ससुर की नजरों में है गाय बहुत भोली।
गाय मान लो लेकिन सींगों वाली है भाई।।

O

लगे लक्ष्मी सरस्वती वह सारी दुनिया को।
दुर्गा है, यदि केश खुले तो काली है भाई।।

O

लगें सुहाने ढोल वही जो बजते दूरी पर।
दिखने में ज्यादा सुंदर तो साली है भाई।।

O

पुष्प खिला तो महक उठोगे, आँगन महकेगा।
रूठ गई तो काँटों वाली डाली है भाई।।

O

घर से बाहर पुरूष निकलता सीना चौड़ा कर।
घर भीतर मालिक बन रहता माली है भाई।।

O

मूड खराब हुआ तो भर्ता बने बैंगनों का।
खुश हो तो मनभावन भोजन थाली है भाई।।

O

दोनाली बंदूक पत्नियों की दो आँखें हैं।
लगे 'बिसावर' कारतूस पति खाली है भाई।।

O

66. चमचों की चमचागीरी पर

बदले समय बदल जाते जन, निजी बताना छोड़ सखे।
जिस दर पर सम्मान नहीं हो, आना जाना छोड़ सखे।।

O

O

हों चाहे वे रंगबिरंगे, किंतु फूल कागज के हैं।
खुशबू कभी नहीं आती है, उन्हें सजाना छोड़ सखे।।

O

O

किसकी कौन कमाई खाता, एक पहेली अनसुलझी।
धन दौलत है आती जाती, अश्रु बहाना छोड़ सखे।।

O

O

जो तुम दिन भर में करते हो, वह मिनटों में कर देता।
चमचों की चमचागीरी पर, लार गिराना छोड़ सखे।।

O

O

आपसदारी, भाईचारा, दुनियादारी, अपनापन।
चक्रव्यूह की चारदीवारी, मत घुस जाना छोड़ सखे।।

O

67. सहन गगन की तपन कीजिए

नित पिता के कथन पर मनन कीजिए।
अध्ययन ध्यान-जीवन गहन कीजिए।।
O

सब तुम्हारे लिए बोझ सहना पड़ा।
आप भी बोझ उनका वहन कीजिए।।
O

यह अहंकार देता मिटा एक दिन।
निज अहंकार को रख दहन कीजिए।।
O

जब जरूरत पड़ी मेघ देता हमें।
कुछ सहन तो गगन की तपन कीजिए।।
O

सोच ही मान है, सोच पहचान है।
कीजिए कर्म वह जो कथन कीजिए।
O

जन्मता क्रोध भय से तथा लोभ से।
त्याग कर लोभ डर शांत मन कीजिए।।
O

छोड़ना ठीक वृद्धाश्रमों में नहीं।
साथ माता-पिता के रहन कीजिए।।
O

❦❧❦❧

68. सामान नहीं समझे

शैतान नहीं समझे खुद को।
हैवान नहीं समझे खुद को।।
O

मत की शक्ति नहीं जाने।
नादान नहीं समझे खुद को।।
O

और भला क्या समझेंगे।
इंसान नहीं समझे खुद को।।
O

खून रगों में बहता है।
बेजान नहीं समझे खुद को।।
O

लोकतंत्र का रखवाला।
सामान नहीं समझे खुद को।।
O

आम आदमी मालिक है।
दरबान नहीं समझे खुद को।।
O

फिर से होगी चहल-पहल।
वीरान नहीं समझे खुद को।।
O

कहो 'बिसावर' राजा से।
भगवान नहीं समझे खुद को।।
O

69. काँटे-सुमन सँग

एक-से काम दिन रात होने लगे।
क्या सही क्या गलत ज्ञान खोने लगे।।

o

o

ले गई शांति मन की लहर होड़ की।
शूल पग में स्वयं ही चुभोने लगे।।

o

o

आठ, नौ, दस बजे तक रहे उठ सुबह।
डेढ़ या दो बजे लोग सोने लगे।।

o

o

वे हँसे, ये हँसे, देख मैं हँस दिया।
कुछ विरोधी मगर देख रोने लगे।।

o

o

है 'बिसावर' नहीं बात ये अब नई।
लोग काँटे-सुमन सँग पिरोने लगे।।

o

70. चले न ज्यादा रूठ-मनाना

बीज प्रेम का बो जाते हैं।
चल दीवाने हो जाते हैं।।

O

जिनको वफा नसीब नहीं है।
पागलखाने को जाते हैं।।

O

नहीं अन्न मिलता गरीब को।
भूखे ही वे सो जाते हैं।।

O

चले न ज्यादा रूठ-मनाना।
अब के रूठे तो जाते हैं।।

O

मंदिर, मस्जिद खुलें या नहीं।
खुल मैखाने लो जाते हैं।।

O

बहती गंगा की धारा में,
हाथ दुष्ट भी धो जाते हैं।

O

बहुत बड़ा है जगत 'बिसावर'।
कई आदमी खो जाते हैं।।

O

71. कविता जीवन की सरिता

सच्ची बात किसे बतलाऊँ !
झूठ बोल क्यों पाप बढाऊँ !!
O

एक राज की बात बताऊँ !
कम करता ज्यादा दिखलाऊँ !!
O

आप बखानूं शेखी अपनी !
किंतु देख दर्पण डर जाऊँ !!
O

और सभी तो गंगू तेली !
खुद कह राजा भोज सिहाऊँ !!
O

कमी ढूंढता हूँ औरों की !
और कहे तो गाल फुलाऊँ !!
O

कई बुरी आदतें पड़ी हैं !
रहने दो, फिर कभी सुनाऊँ !!
O

कविता है जीवन की सरिता !
कई डुबकियाँ नित्य लगाऊँ !!
O

72. एक नियमावली जिंदगी

है कभी बोझिल अत्यधिक जिंदगी !
चल रही ज्यों सांकेतिक जिंदगी !!
O
O

सब बड़े होकर यही कहते दिखें !
बालपन की सिर्फ मौलिक जिंदगी !!
O
O

है अधिक चिंता आज से कल की !
एक नियमावली दैनिक जिंदगी !!
O
O

लोग काट लेते हैं आवारगी से !
संस्कारों की है नैतिक जिंदगी !!
O
O

जो हैं जिम्मेदार है उनकी भली !
अन्यथा दिन रात चिकचिक जिंदगी !!
O

73. लगा धेला न तेरा है

न देरी है न फेरा है !
जगो तब ही सवेरा है !!
O
भला नेता हुआ किसका !
तुम्हारा है न मेरा है !!
O
चुनावी रैलियाँ आँधी !
भयावह रूप घेरा है !!
O
बुजुर्गों से सुना है यह !
तले दीपक अँधेरा है !!
O
हँसी उपहार है तुझको !
लगा धेला न तेरा है !!
O
सजाई है बहुत धरती !
बड़ा ईश्वर चितेरा है !!
O
सिखाना सीखना जीवन !
मनुज गुरु और चेरा है !!
O
मुसाफिर आप हम सारे !
किराये का बसेरा है !!
भली भारी नहीं गठरी !
उठाना शीश डेरा है !!

74. रिश्वत कई तरह की

झूठ बोलना आ जाता !
कुर्सी बहुत बड़ी पाता !!
O

रोज घुमाकर चमचे को !
देगचियों में , इतराता !!
O

भाव नहीं देता जो भी !
चने दाँत से चबबाता !!
O

जिसने गोद खिलाया हो !
उनसे बड़का कहलाता !!
O

काम न करता रत्तीभर !
हाँ जी, बिल्कुल कह आता !!
O

पान मसाला, मीठा पान !
साहब को नित पहुँचाता !!
O

बरस दर बरस कुर्सी को !
ऊँचे पद को सरकाता !!
O

काम जुगाड़ी के करके !
बाकी सबको टरकाता !!
O

जातिवाद की बातें कर !
अपनों को ही फुसलाता !!
O

पैसा तो वे देते ही !
मुफ्त दुआएँ भी पाता !!
O

रिश्वत कई तरह की है !
केवल अधिकारिक लाता !!
O

मान दक्षिणा रिश्वत को !
झोली हर दिन फैलाता !!
O

पैसा-रुतबा बढ़ते ही !
पाप-शाप सब ढक जाता !!
O

गाड़ी एक अलग होती !
सैर डॉग को करवाता !!
O

क्यों जाता मथुरा-काशी !
तीरथ थाईलैंड जाता !!
O

वर्षों खून उन्हीं का चूस !
भंडारे कर जिमवाता !!
O

राम-कृष्ण से भी ज्यादा !
खुद जयकारे लगवाता !!
O

❧ ❧ ❧

75. आते-जाते थाने

बहुत बनाये ताने-बाने।
कुछ खाने को कुछ सुस्ताने।।
O
कौतूहल के साथ अचंभित।
लोग लगे बस आने-जाने।।
O
दल के साथ समय भी बदला।
संभव जायें बदल ठिकाने।।
O
श्वेत वस्त्र धारण करते हैं।
कर्म-धर्म को ईश्वर जाने।।
O
नाम-पट्टिका समाज-सेवी।
आते-जाते रहते थाने।।
O
छोड़ अफसरी निकले अफसर।
राजनीति सिर चले मुँडाने।।
O
डर के मारे कतराते हैं।
राजी नहीं सत्य बतलाने।।
O

❧❧❧

76. कभी न घटने देना

सचमुच अच्छे हो सकते हो !
यदि फिर बच्चे हो सकते हो !!
O

प्रीत निभाना शुरू कीजिए !
धागे कच्चे हो सकते हो !!
O

परिवर्तन है नियम जगत का !
भारी हल्के हो सकते हो !!
O

सरकारी आदेश बदलते !
अगड़े-पिछड़े हो सकते हो !!
O

साहस कभी न घटने देना !
मन से ठंडे हो सकते हो !!
O

गुमनामी ओढ़ी है खुद ही !
जन-जन चर्चे हो सकते हो !!
O

धीरे-धीरे पैठ बनेगी !
फिर तुम पक्के हो सकते हो !!
O

77. मन को सच्चा रहने दो

सच्चाई के ऊपर परदा, रहने दो !
कभी-कभी होता है अच्छा, रहने दो !!
O
O

सत्य बहुत कड़वा होता है कहते हैं !
इसीलिए बोली को मीठा, रहने दो !!
O
O

बड़ी अगर करनी है तो निज सोच करें !
अहंकार को थोड़ा नीचा, रहने दो !!
O
O

कहने दो यदि कोई झूठा तुम्हें कहे !
तुम तो अपने मन को सच्चा, रहने दो !!
O
O

छीन सके ना कोई कुछ भी दे सकता !
अगर नहीं ईश्वर की इच्छा, रहने दो !!
O

78. मत कहिए

पहले से हकदारी कम है !
सहायता सरकारी कम है !!
O

कठिन पालना दो बच्चों को !
होती दुकानदारी कम है !!
O

सात-आठ संग रह लेते थे !
अब दो में सहकारी कम है !!
O

कंकरीट के वन नगरों में !
जीव-जंतु, किलकारी कम है !!
O

खुलेआम दिखती गद्दारी !
अभिलेखी गद्दारी कम है !!
O

कमी नहीं कानून, नियम की !
किंतु धरा पर जारी कम है !!
O

बढ़ा डिजिटलीकरण देश में !
कागज की लाचारी कम है !!
O

खूब बोलबाला घर दफ्तर !
मत कहिये अब नारी कम है !!
शासन और प्रशासन सुधरा !
इसीलिए रंगदारी कम है !!

79. चोट भीतरी खाए

वादे कर भरमाये हैं !
कथनी नहीं निभाये हैं !!
O
O
मुख से वे मुस्काये हैं !
चोट भीतरी खाये हैं !!
O
O
कभी चैन से नहीं रहे !
संगत ऐसी पाये हैं !!
O
O
गुलाब देने आए थे !
काँटे कई चुभाए हैं !!
O
O
आते नहीं समय रहते !
सदा देर से आये हैं !!
O
O
चमचागीरी में अब्वल !
सबसे काम बनाये हैं !!
O
O
पड़ी बीजरी आते ही !
हाँ जी, ऐसे साये हैं !!
O

O

बातें मधुर चाशनी सी !
जुल्म निरंतर ढाये हैं !!

O

O

माल हमारा खा जाते !
गीत किसी के गाये हैं !!

O

O

सदा मस्त रहते हैं खुद !
सबको किन्तु सताये हैं !!

O

O

फ्रेश फ्रेशनर से होते!
कब से नहीं नहाये हैं!!

O

O

बदल गए हैं रात दिवस!
आप निकट जब आये हैं!!

O

80. राम-राम का चलन

गाँव शहर सा हो गया है !
पड़ोसियों में फासला है !!
०

अनेक गौशालाएं खोलीं !
पशुधन छुट्टा घूमता है !!
०

फेसबुक पर छोरा-छोरी !
वायरल हर मामला है !!
०

चाचा ताऊ चाची ताई !
आज न कोई टोकता है !!
०

राम-राम का चलन जा रहा !
हाय हलो का सिलसिला है !!
०

गायब बैठक चबूतरों से !
व्हाट्सएप पर चुटकुला है !!
०

दूध अनाज न लेते देते !
सब दुकान से आ रहा है !!
०

कम होता चिड़ियों का कलरव !
ट्विटर फोन में फुदकता है !!
०

धन्यवाद ज्ञापन

प्रिय पाठको,

जैसा कि इस पुस्तक के आरम्भ में मैंने कहा है कि यह मेरा प्रथम स्वतंत्र काव्य संग्रह है, लेकिन मेरी अनेक कविताएँ पिछले दशक में साझा काव्य संकलनों में प्रकाशित हो चुकी हैं जिनमें से प्रमुख हैं-

गाता जाए मेरा दिल, सजल दशक , सजल शतक , सजल अष्टक आदि!

बात ही कुछ और थी, रात के बारह बजे (गोनों काव्य संग्रह शीघ्र प्रकाशनाधीन !

साहित्य पाठन और लेखन में मेरी रूचि विद्यालयी शिक्षा के समय से ही अंकुरित हुई. यद्यपि आंशिक रूप से लेखन में निरंतरता बनी रही लेकिन भारतीय वायु सेना में चयनित होने के बाद से कई वर्षों तक इसमें शिथिलता रही. लगभग दो दशक के दौरान लेखन कार्य बहुत कम अर्थात शौक भर ही रहा किन्तु पाठन चलता रहा. तत्पश्चात वर्ष २००९ के बाद जब मैं वायु सेना से डिस्चार्ज होकर बैंक सेवा में आया तो साहित्य की धरती में दबे हुए अनेक बीजों को ऋतु पुनः प्राप्त हुई और वर्ष २०१२ आते आते उनके अंकुर मुझे दिखने लगे तथा २०१६-१७ के आसपास दो काव्य संग्रह और एक लघुकथा/कहानी संग्रह के लायक सामग्री मेरी डेस्क पर उपलब्ध हो गई लेकिन ..... आगे की आपबीती आमुख में व्यक्त की है!

आशा करता हूँ कि मेरी प्रथम स्वतंत्र काव्य पुस्तक की रचनाएँ आप सब का मन छू सकेंगी और आपके दिल में स्थान बनायेंगी. यदि ऐसा हो सका तो शीघ्र ही अगले कई काव्य व् गद्य संग्रह आपके समक्ष होंगे. इसी आशा के साथ आपका पूर्व में ही आभार व्यक्त करता हूँ!

निम्नलिखित यू टयूब चैनलों पर आप मेरी कविताओं के वीडियो भी देख सकते है!

Amar Adwiteey Official, Mathura Poetry Club, Upyogi Channel

ooo

सजल-विमर्श

सजल-विमर्श

^^^^^^^^^^^^^^

(हिंदी-सेवा और सजल विधा)

.

आदरणीय साथियो,

वस्तुतः हिंदी फिल्म वालों की हिंदी-विरोधी मानसिकता ने हिंदी को बहुत आहत किया।

जन-जन के मानस में उर्दू- गीतों और उर्दू-संवादों के कारण हिंदी के स्थान पर उर्दू-भक्ति समा गई।

हमारी मानसिकता रुग्ण हो गई।

भाव-व्यक्त करने का माध्यम हमारी भाषा नं०-१!

अनायास ही उर्दू बन गई है ।

~?~?~?~?

क्या *रामायण* और *महाभारत* सीरियलों के संवाद आपने नहीं सुने!

~?~?~?~?

क्या हिंदी की शक्ति और अभिव्यक्ति-क्षमता को प्रमाणित करने के लिए वे पर्याप्त नहीं हैं।

√√√√√√√√√√√√√√√√√√√√√

रामानंद सागर और बी.आर,चोपड़ा को हिंदी भाषा के उन्नयन हेतु अवश्य ही पद्मविभूषण देना चाहिए।

√√√√√√√√√√√√√√√√√√√√√

अत्यंत दुखद है कि जो हिंदी-दिवस पर घड़ियाली आँसू बहाते हैं वे ही हिंदी के पुत्र-पुत्रियाँ हिंदी में नुक्ता लगाने के लिए व्याकुल हैं।

वे अर्थ-संप्रेषण की सरलता का तर्क देते हैं।

हिंदी में अनेकार्थी शब्दोंको भूल जाते हैं,

कर = करना (क्रिया) / हाथ / टैक्स /

कर शब्द के तीन अर्थ हैं, इसके अर्थ में उनको तनिक भी बाधा नहीं लगती है,

किंतु उर्दू के एकार्थी शब्दों में भी वे नुक्ता का समर्थन करते हैं,

जैसे अपने घरों में बोलेंगे तो -----

गम / जिंदगी

किंतु इन शब्दों में ग पर / ज पर नुक्ता लगाना आवश्यक बताएँगे।

इसके अतिरिक्त ---

केंद्र भाषा-विभाग ने मानक हिंदी की पुस्तक में तीन वर्णों में नुक्ता लगाने को स्वीकार किया गया है ,

जो नितांत हास्यास्पद है।

उसी को हथियार बनाकर वे मानक हिंदी का कुतर्क देते हैं

अरे भाई !

कोई सरकारी पुस्तक महत्व नहीं रखती है।

महत्व रखती होती तो अभी तक सरकारी संस्थानों ने तो उसको अपनाया होता नाम-पट्टिकाओं पर आज भी

केन्द्रीय लिखा हुआ है।

उसके के स्थान पर केंद्रीय शब्द लिख गया होता,

और

हिन्दी के स्थान पर हिंदी लिख गया होता।

ऐसी पुस्तकें महत्व नहीं रखतीं।

◦◦◦◦◦◦◦◦◦◦◦◦◦◦◦◦◦◦◦◦◦◦◦◦◦◦◦◦◦◦◦◦◦◦◦◦◦

महत्व रखता है लोक-देवता

◦◦◦◦◦◦◦◦◦◦◦◦◦◦◦◦◦◦◦◦◦◦◦◦◦◦◦◦◦◦◦◦◦◦◦◦◦

हम-आपका जनमानस जिसको अपनाएगा वही स्थापित होगा।

जो विद्वज्जन

हिंदी में नुक्ता लगाने की वकालत करते रहे हैं और भाषायी उदारता दिखाते हुए हिंदी को विदेशी शब्दों से रुग्ण बनाने का समर्थन कर रहे हैं,

ऐसे उदार हृदयी महात्माओं के कारण कल हमारे बालक मम्मी को अम्मी भी कहने लगें तो क्या आश्चर्य!

इसलिए भारतेंदु हरिश्चंद्र जी वाले निज भाषा उन्नति के मूलमंत्र को स्वाभिमानपूर्वक आत्मसात् कीजिए।

●●●●●●●●●●●●●●●●●●●●●●●●●●●

ग़ज़ल से मोहभंग करके सजल से मोह बढाइए

केवल लिखने में ही नहीं बोलने में भी निरंतर सचेत रहकर अभ्यास को बदलें!

ताकि धीरे-धीरे - आपकी भाषा सुधर सके !

और

यदि आपको यह पुण्य कार्य लगता है तो हर हिंदी-सेवाधर्मी धर्मात्मा का धर्म है कि वह आगे बढ़कर ,

सेवाभाव से ----

इस 'सजल आंदोलन' से जुड़ें और इसको सफल बनाने में अपना यत्किंचित और यथासंभव योगदान अवश्य दे।

~? ~?

सभी हिंदी पुत्र/पुत्रियों से ऐसी हमारी प्रार्थना है!

~? ~?

सादर शुभैषी,

---डॉ॰अनिल गहलौत

सेवा निवृत्त ऐसोसिएट प्रोफेसर

के आर कालेज मथुरा (उ प्र)

००००००